PROTESTATION

contre la

DÉLIBÉRATION DU CONSEIL MUNICIPAL

du 18 Février 1891

RELATIVE A L'ADOPTION DU TRAITÉ PROPOSÉ A LA COMMUNE DE CONSTANTINE

Par M. FERRAND, Entrepreneur de Travaux Publics

Constantine, le 14 Mars 1891.

A Monsieur le Préfet du Département
de Constantine.

Monsieur le Préfet,

Les soussignés, propriétaires, commerçants, industriels, contribuables, tous domiciliés à Constantine, ont l'honneur de vous soumettre leur protestation motivée contre le vote émis par le conseil municipal dans sa séance du 18 février 1891, portant approbation des clauses et conditions du traité Ferrand, relatif à la Conversion de l'Emprunt communal et à l'exécution de divers projets de travaux publics.

Usant de la faculté que leur donne l'article 66 de la loi municipale du 5 avril 1884, de recourir à votre autorité pour sauvegarder les intérêts des contribuables et les finances de la commune, dont la tutelle vous est confiée, les soussignés estiment qu'il est de leur devoir de vous demander de ne point revêtir de votre approbation la délibération précitée, et ce, pour les raisons majeures qu'ils vont vous exposer et qu'ils vous prient instamment de vouloir bien prendre en sérieuse considération :

I

Le contrat Ferrand, qui lierait la Commune pour une durée de cinquante ans, contient dans plusieurs de ses articles des défectuosités ou des omissions graves qui sont de nature à le rendre inacceptable, sinon à le frapper de nullité.

ARTICLE PREMIER. — Les pièces authentiques établissant le désistement de la Société Labattut, Rémès et Cⁱᵉ n'ayant reçu aucune publicité, il appartiendra seulement à l'Administration préfectorale de scruter les points litigieux que pourrait faire naître le manque d'exécution, dans toutes ses parties, d'une clause aussi essentielle, notamment en ce qui concerne *tous les ayant droit*, pouvant exercer un recours quelconque envers cette ancienne Société *et sous la responsabilité de la commune*.

Il sera non moins important d'obvier aux difficultés qui peuvent surgir de l'exigibilité du remboursement des obligations 5 % émises par la Maison L. Sée ou du service des intérêts aux obligataires, difficultés sur lesquelles le Conseil municipal a passé légèrement et que le traité Ferrand ne fait pas disparaître dans son article 3.

<h2 style="text-align:center">II</h2>

Le projet d'emprunt de *dix millions* voté par le conseil n'a pas non plus reçu la sanction de la publicité qui lui était indispensable. C'est cependant là une de ces formalités que les municipalités des grandes villes accomplissent d'ordinaire en matière d'emprunts à contracter avec les sociétés financières. Étant donné l'abondance des capitaux qui affluent aujourd'hui sur le marché financier, il est à croire que la Commune de Constantine, dont le crédit est des plus solides, pourrait se procurer de l'argent à un taux d'intérêts plus modique que celui offert par M. Ferrand.

Exemple : la Caisse des Dépôts et Consignations, qui consent des prêts à 4 %, et la Caisse des Retraites pour la Vieillesse à 4,20 % ; ces deux établissements sont placés sous le contrôle et la garantie de l'État.

Comment donc expliquer cette préférence accordée à un entrepreneur de travaux publics dont les attaches financières et surtout la responsabilité *effective* sont encore incertaines ? Cet acte d'imprévoyance mérite d'autant plus d'être signalé qu'il engage sérieusement dans l'avenir les ressources d'un budget qui, dès à présent, suffit à peine à ses charges obligatoires, que viendrait encore augmenter le surcroît de dépense pour les annuités du nouvel emprunt, et cela sans qu'il ait été fait appel à la concurrence des capitalistes avant son adoption par le conseil municipal.

<h2 style="text-align:center">III</h2>

Le budget de la Commune, pour l'exercice 1891, comporte en dépenses relatives aux emprunts antérieurs :

1° L'annuité due à la Maison Léopold Sée et Cⁱᵉ, pour son prêt de trois millions.. 254.625 »

2° Intérêts dûs à la Banque de l'Algérie pour un prêt de 400.000 francs... 20.000 »

TOTAL............ 274.625 »

Avec l'emprunt Ferrand, y compris la conversion de l'emprunt L. Sée, l'annuité à imputer au budget communal pour 10.000.000, à 4.88,15 % sera de................................... 488.175 »

et comme la conversion de l'emprunt de trois millions ne sera autorisée par le gouvernement que pour 37 ans, au lieu de 50, il faut prévoir, pour cette différence d'annuités, la somme de.................................. 17.000 »

Soit, au Total (par an)............ 505.175 «

dont à déduire les intérêts de la somme empruntée à la

Report	505.175	»
Commune par M. Ferrand au taux de 6.34,44 % ci (par an)	164.950	»
Resterait à payer........	340.225	»
L'annuité actuelle n'est que de......................	274.625	»
L'augmentation à prévoir au budget est donc de......	65.600	»

chiffre de 1892 et suivants.

IV

Les pétitionnaires font en outre remarquer à Monsieur le Préfet que cette augmentation de l'annuité à servir pour le nouvel emprunt ne sera même pas atténuée par une compensation d'économies provenant de la suppression des loyers des divers immeubles occupés par les écoles, la Justice de Paix et le Commissariat central, non plus que des indemnités de logement aux instituteurs, réduction de dépenses que Monsieur le Maire a évaluées lors de la dernière discussion au Conseil municipal à la somme de 35,000 francs, à laquelle il ajoutait aussi un excédant de recettes de 3,000 francs pour la subvention annuelle accordée par le Ministre de l'Instruction publique et qui n'a absolument rien de commun avec l'adoption du traité Ferrand.

Il paraît d'ailleurs superflu de démontrer que cette prétendue économie de 35,400 francs par an sera amplement absorbée par l'excédant de dépenses qui résultera des dépassements considérables qui se produiront certainement sur les devis des grands travaux projetés par la Ville. L'expérience de ces sortes de dépassements est depuis longtemps faite à Constantine, où ils ont atteint *au minimum* le 50 % du montant des travaux (Théâtre, Lycée, Préfecture), et déjà des personnes bien informées prétendent que la construction du nouvel Hôtel de Ville s'élèvera à douze cents mille francs au moins, au lieu de 760 mille prévus dans le contrat Ferrand. Cet excédant de dépenses n'a certes rien d'anormal si l'on tient à parfaire l'œuvre grandiose que projettent nos édiles.

On ne peut, dès à présent, contester les dépassements à prévoir : 1° pour la reconstruction de l'Abattoir, dont la subvention prévue ne s'élève qu'à 50,000 francs, alors que la dépense peut être évaluée, de l'avis de personnes très compétentes, à un chiffre supérieur d'environ *cent mille francs*.

2° Pour le raccordement du chemin d'accès de la future Halle à la Gare, à partir du pont sur le Rhummel à la route Nationale de Batna, à travers les terrains Chaume et Joly de Brésillon. Le projet indiqué au contrat Ferrand qui devrait relier le pont au chemin vicinal n° 1, ayant été reconnu impraticable par le Conseil municipal lui-même, il en résultcrait forcément un excédant de dépenses considérable qui incombera tout entier à la Commune.

3° Et bien d'autres travaux, tels que raccordements de routes et rues, murs de soutènement, assainissements, qui ne sont pas davantage prévus dans l'ensemble des projets Ferrand, dont la Commune devra *seule* supporter la dépense.

La réalité est que le budget communal restera grevé pendant cinquante ans d'un surcroît d'annuités d'au moins 65,600 francs qui constituerait une très lourde charge à supporter par les contribuables, car il faut prévoir de ce chef ou une augmentation d'impôts ou une réduction considérable des dépenses les plus obligatoires de la Commune, voire même celles d'une utilité publique depuis longtemps reconnue, telles que réfection d'égoûts, rectification d'alignements, nouvelle canalisation d'eau parallèle à la conduite de Fesguia à Constantine, dont la construction s'imposera dans quelques années, etc., etc. Eu égard à l'état précaire des finances communales, est-ce que cette seule considération ne devrait pas faire éliminer les offres Ferrand ?...

V

Cet Entrepreneur-financier demande à la Commune, pour pouvoir exécuter les travaux que lui concède son traité, un prêt de 2.600.000 francs dont il servirait l'intérêt à 6.34,44 %. La Commune deviendrait ainsi le banquier de son entreprise. On ne voit dans cette affaire aucune question *d'utilité publique*, puisque l'argent prêté ne servirait tout au plus au concessionnaire qu'à bâtir 4000 mètres de maisons et un village arabe sur un emplacement mal choisi, en raison de l'extension du périmètre actuellement occupé par les constructions urbaines.

Les logements vacants sont nombreux dans l'intérieur de la ville et les faubourgs, où l'on en compte aujourd'hui plus de 1 500 disponibles. La nécessité de construire de nouvelles maisons ne s'impose assurément pas, le chiffre de la population Européenne étant en décroissance continue depuis plusieurs années. La rue Thiers sur laquelle il y a 5 à 600 mètres de longueur en façade pouvant recevoir de nouvelles habitations ne trouve pas d'acquéreurs pour ses terrains et aux alentours du Coudiat même, il ne manque pas d'immeubles sans locataires. Le prêt consenti à M. Ferrand aboutirait uniquement à une plus forte dépréciation de la valeur immobilière à Constantine, sans aucune augmentation des revenus communaux.

Après l'exécution des travaux projetés qui, d'après le traité Ferrand, devront durer 5 ans au plus et qui auront attiré *temporairement* une population ouvrière plus compacte, le vide se fera de nouveau et les charges impositaires subsisteront *seules* pour les contribuables fixés au sol par des intérêts qui, en périclitant, les obligeront à une surveillance plus rigoureuse et à une diminution de dépenses en raison même de la diminution de leurs revenus, ou les fonctionnaires à demeure.

VI

Mais ce n'est pas tout. Sur le prêt de 2.600.000 fr., M. Ferrand demande qu'il lui soit avancé les sommes suivantes :

1° Après les expropriations faites........................	450.000 »
2° Après l'opération du dérasement du Coudiat-Aty....	950.000 »
3° Pour la valeur des terrains et des rues après les travaux du dérasement................................	170.000 »
Soit..	1.570.000 »

non compris la subvention de *quatorze cent mille francs* que la Commune est tenue de lui payer en vertu de l'ancienne convention Rémès et Consorts pour les déblais du Coudiat et le déplacement de l'Abattoir. Pour la totalité de ces avances de fonds il ne resterait à la Commune d'autres garanties que des terrains *vagues* et quelques maisonnettes arabes dont la location est plus que douteuse dans le quartier qui leur est assigné. Les avantages stipulés dans le traité Ferrand ne sont donc nullement en rapport avec les risques qu'ils font courir à la Commune, puisque d'après l'art. 7 de ce traité, l'importance des travaux à exécuter au village arabe n'est pas plus déterminée que le nombre des maisonnettes à y édifier.

VII

A l'art. 8 du traité, on ne prévoit que l'indemnité de 50,000 fr. pour le déplacement de l'abattoir, bien que la commune s'engage à payer le surplus des travaux, ce que l'on peut évaluer sans mécompte à une dépense de

50,000 fr. supérieure au chiffre de l'indemnité primitivement allouée à l'entrepreneur. Un simple examen de la surface des bâtiments à édifier justifie pleinement cette appréciation et le dépassement des prévisions indiquées par la Municipalité.

Le déplacement de la Halle aux Grains (voir art. 9) n'a pas de raison d'être. Cet édifice est des mieux situés et répond à tous les besoins commerciaux de notre époque. *Huit rues ou routes y aboutissent ; ses dégagements sont considérables et en palier.* De plus, son changement léserait de nombreux intérêts qui ont la force du droit acquis pour les contribuables de cette partie de la ville.

Ce déplacement n'aurait sa raison d'être que s'il y avait une réelle utilité à l'intérêt général, mais ce n'est pas le cas en la circonstance actuelle.

L'art. 11 du traité stipule que le concessionnaire des travaux consentira un rabais de 10 % sur les projets de construction des groupes scolaires et de l'Hôtel de Ville. Ce rabais est insuffisant, puisque la Municipalité se trouve saisie d'une offre qui lui est déjà faite par des *entrepreneurs sérieux* d'un rabais de 13 %, sans parler ici d'autres offres plus avantageuses qui pourraient survenir si les travaux étaient mis en adjudication.

En traitant directement et *de gré à gré* avec un seul entrepreneur, on met à néant le principe de la libre concurrence dont la classe ouvrière ne cesse de réclamer pour elle-même la juste application ; on méconnaît les règles d'une bonne gestion financiére car il résulterait certainement de la mise en adjudication publique des travaux projetés un rabais qui ne serait pas moindre de 15 à 20 %.

Il n'y a pas non plus d'utilité apparente de construire l'Hôtel de Ville dans un faubourg qui ne deviendra jamais le centre de l'agglomération des habitants de la cité. Si l'emplacement actuel ne convient plus, il en existe d'admirables sur la place Nemours, suffisamment connus pour qu'il soit nécessaire de les indiquer.

Quoiqu'il en soit, la réalisation du bénéfice de 450.000 fr. résultant de l'achat par M. Ferrand du terrain sur lequel se trouve aujourd'hui la Mairie, doit rester acquis à la commune puisque c'est un des points importants qui ont fait adopter par le Conseil Mnnicipal le déplacement de l'Hôtel de Ville.

VIII

Le Département possède au Coudiat-Aty une surface de terrain de 5.000 métres. Il conviendrait de se préoccuper de la situation qui serait faite à la commune si le concessionnaire ne parvenait pas à s'entendre avec le Département pour l'achat de ce terrain, qui n'est pas compris dans l'arrêté des expropriations prononcées par le Gouverneur général. Cette question est de celles qui auraient dû être tranchées par le Conseil Municipal, avant l'adoption du traité Ferrand, puisqu'un refus de vente de ce terrain par le Département amènerait forcément une modification capitale du projet de dérasement du Coudiat-Aty.

Le cautionnement de 200 mille francs, auquel M. Ferrand est assujetti par l'article 21 de son traité, est insuffisant pour garantir la complète exécution d'un contrat d'une telle importance. Dans l'une de ses séances du mois d'août dernier, le Conseil Municipal avait voté une mesure très sage, qui fut confirmée à la séance suivante, après une nouvelle discussion des plus sérieuses. Il avait décidé que M. Ferrand présenterait au Maire la garantie d'une Maison financière, bien connue pour la loyauté de ses opérations, qui devrait s'engager avec le concessionnaire de la commune pour assurer financièrement l'exécution complète des travaux du dérasement et de la construction des édifices publics mentionnés au contrat.

Et cette decision si formelle, que conseillait la prudence, a été annulée par le Conseil Municipal dans la séance où il a adopté le traité Ferrand, après lui avoir fait subir de profondes modifications d'un autre ordre.

M. le Préfet remarquera que le Conseil Municipal, en se déjugeant sur un point aussi essentiel, a commis une faute grave, irréparable. Cependant, sans la garantie solidaire d'une maison de Banque solide, ou d'un Etablissement de crédit placé sous le contrôle de l'Etat, il n'y a nulle sécurité pour la commune, M. Ferrand ne présentant par lui-même aucune *responsabilité financière*. Marseille, Lyon, Mâcon et autres grandes villes ont exigé de leurs Entrepreneurs, pour l'exécution de leurs grands travaux, la caution de capitalistes d'une solvabilité incontestable ; leur exemple devait être suivi à Constantine.

IX

Conditions Générales

Il est de principe, en bonne administration, et du devoir du Conseil Municipal d'appliquer les emprunts communaux à des dépenses d'une *nécessité incontestable*, et ces emprunts doivent être proportionnés aux ressources de la Commune, de façon à ne point grever l'avenir. Or, il est de toute évidence que le budget de la ville ne peut plus aujourd'hui supporter de charges nouvelles aussi lourdes. Les revenus de la Halle diminueront sensiblement et n'atteindront jamais plus le chiffre moyen des années antérieures ; aucune illusion n'est permise à cet égard. Par suite de l'achèvement des grandes lignes ferrées de pénétration et des voies nouvelles en projet, Milah, Djidjelli, Chateaudun, Tixter-Bougie, de nombreux marchés de céréales et bestiaux ont été et seront créés à proximité des gares les plus rapprochées des centres agricoles et les achats réalisés par les négociants suivront leur direction naturelle vers les ports d'embarquement, sans marquer leur passage à Constantine qui cessera complètement d'être une ville de transit lorsque les quais et les docks du port de Philippeville seront terminés.

Cela est si vrai que la récolte de 1890 qui peut compter parmi les meilleures, n'a produit pour le mesurage des grains à la Halle qu'une recette de 150.000 francs environ, alors qu'il y a seulement quelques années, pour des récoltes moins abondantes que la dernière, les recettes atteignaient un chiffre moyen de 4 à 500.000 francs. Qu'arrivera-t-il, lorsque les récoltes seront ordinaires ou médiocres ? Il est d'ailleurs indubitable, ainsi que nous l'expliquons plus haut, que les nouvelles lignes de chemins de fer dont on ne cesse réclamer la construction, contribueront encore, après leur achèvement, à amoindrir chaque année les recettes de la Halle aux Grains.

Est-ce donc en face d'une telle situation, qu'il faut bien se résoudre à envisager sous son véritable jour, que la commune peut accroître ses dépenses dans des conditions aussi disproportionnées avec ses recettes éventuelles ?

Le dérasement du Coudiat ne répond à aucun besoin immédiat, car depuis dix ans l'on ne cesse de construire à Constantine, et ce ne sont pas les logements vides qui manquent dans les immeubles anciens et nouveaux. Les maisons à édifier sur l'emplacement des terrains du Coudiat ne feront que grossir les pertes que subisssent déjà les propriétaires de la ville et des faubourgs, et amener une dépréciation immobilière préjudiciable à la collectivité et à la commune elle-même.

Les propriétaires qui, dès la première heure, ont engagé leur avoir ou le fruit de leurs économies dans la construction d'immeubles, ont des droits imprescriptibles à la protection de l'Autorité, qui ne peut les laisser sacrifier à une conception fantaisiste issue de l'esprit de spéculation. Si le traité Ferrand se réalisait, ce serait eux qui auraient à supporter la plus forte part des centimes additionnels que la commune serait contrainte d'imposer aux contribuables, pour couvrir l'annuité considérable de l'emprunt. Il en serait de même touchant l'impôt foncier sur la propriété bâtie, sans compter que de l'abaissement de la valeur locative il résultera l'abaissement de la valeur en capital et un amoindrissement de la richesse même de la cité. Car, si la valeur immobilière est aujourd'hui représentée par *cent millions*, elle ne le sera plus en cas d'abaissement du revenu de 25 % que par 75 millions, soit une perte de 25 millions qu'auront à subir les propriétaires fonciers de la ville, sans aucun profit pour la caisse municipale, ni pour l'Etat.

Une autre crise est à redouter après l'achèvement des travaux, qui, d'après le traité Ferrand, devront être terminés dans 4 ou 5 ans. Les ouvriers se trouvant de nouveau sans ouvrage, et pour longtemps cette fois, déserteront la ville pour n'y plus revenir, car la commune aura d'un seul coup, épuisé toutes ses ressources budgétaires pour une durée de 50 ans.

En obtenant du Conseil municipal la division des projets compris dans le traité qui lui était soumis, la municipalité se réservait la faculté de maintenir un courant d'affaires et de travaux progressifs profitables pendant de longues années tout à la fois aux commerçants et aux ouvriers : c'était aussi favoriser en ville l'accroissement de la population européenne qui s'y établirait.

Enfin, il paraît inadmissible qu'un traité de cette importance puisse être conclu sans être appuyé de projets convenablement étudiés, puisqu'ils doivent être une des bases fondamentales sur lesquelles reposera le nouvel emprunt communal. Ce serait vouloir se lancer à l'aventure dans une série de difficultés sans issue, entraînant avec elles des procès sans fin que la Municipalité a le strict devoir d'éviter soigneusement. Et ce qui le prouve c'est quedepuis la signature du contrat elle se trouve déjà aux prises avec l'une de ces difficultés qui ne pourra être vaincue ou aplanie que si l'on a recours aux finances de la commune. Les plans qui viennent d'être soumis au Conseil Municipal par M. Ferrand, pour le raccordement du chemin, conduisant de la future Halle à la Gare, à travers le quartier arabe, indiquent que cette nouvelle voie aboutirait au chemin vicinal n° 1, ce qui est impraticable, ainsi que cela est reconnu par le Conseil, qui demande au contraire de ce qui est stipulé au contrat du concessionnaire, que le raccordement se fasse avec la route Nationale de Batna. M. Ferrand se refuse à modifier son premier projet, — et s'il persiste, cette rectification, cependant indispensable, serait certainement très onéreuse à la commune. Ce seul exemple démontre suffisamment qu'il pourra en être de même pour tous les autres travaux prévus au contrat, qui n'ont donné lieu à aucune étude véritablement sérieuse et les observations judicieuses qu'il suggère aux pétitionnaires ne manqueront pas de solliciter toute l'attention de Monsieur le Préfet.

X

En résumé, les pétitionnaires sont convaincus, Monsieur le Préfet, qu'ils font œuvre de sagesse en vous demandant l'annulation de la délibération du Conseil relative au contrat Ferrand. Ils la considèrent comme très dangereuse au point de vue de la gestion des finances de la commune, de l'atteinte portée à la propriété immobilière, sans aucune compensation appréciable. De plus, l'adoption des projets Ferrand engage inconsidérément toutes les ressourcee budgétaires de l'avenir.

Par toutes les considérations qu'ils ont l'honneur de vous soumettre, ils attendent de leur examen attentif et de votre impartialité une décision ferme qui mettra à néant une délibération qui n'a réuni que 16 votants sur 27 conseillers municipaux restant encore en exercice au lieu de 33 membres dont cette assemblée doit se composer régulièrement.

Ils sont avec un profond respect, Monsieur le Préfet, vos dévoués concitoyens.

NOMS, PRÉNOMS ET QUALITÉ	DURÉE DU SÉJOUR A CONSTAMTINE	SIGNATURE

NOMS, PRÉNOMS ET QUALITÉ	DURÉE DU SÉJOUR A CONSTANTINE	SIGNATRURE

NOMS, PRÉNOMS ET QUALITÉ	DURÉE NU SÉJOUR A CONSTANTINE	SIGNATURE

NOM, PRÉNOMS ET QUALITÉ	DURÉE DU SÉJOUR A CONSTANTINE	SIGNATURE

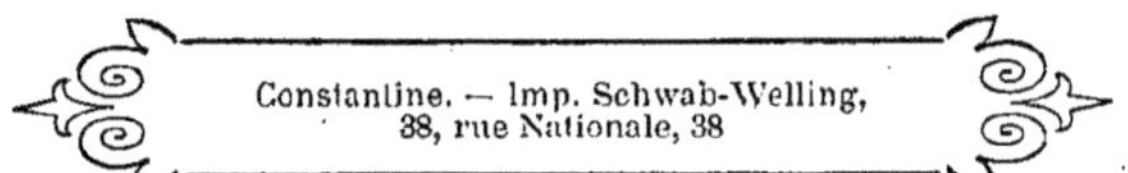

Constantine. — Imp. Schwab-Welling,
38, rue Nationale, 38

www.ingramcontent.com/pod-product-compliance
Lightning Source LLC
Chambersburg PA
CBHW061553050726

47595CB00009B/3800